Rintscher Vertäl

X

„bongk dureen"

van Bernd J. Henk

Bibliographische Information der Deutsche Nationalbibliothek
Die Deutsche Nationalbibliothek verzeichnet diese Publikation in der
Deutschen Nationalbibliographie; detaillierte bibliographische Daten
sind im Internet über http://dnb.d-nb.de abrufbar

Idee und Realisierung by hb
Umschlaggestaltung und Layout: Sascha
Umschlagillustration: Hinterglasmalerei Gereonsplatz
(früher: Neumarkt) in Viersen-Rintgen von Bernd-Jürgen Henk

Herstellung und Verlag: BoD – Books on Demand, Norderstedt
ISBN 9-783757-889616

Erzählungen
aus dem Rintgen X

"bunt durcheinander"

Rintscher Vertäl X

"bongk dureen"

Bisher sind folgende Kurzgeschichten

in der Serie

„RINTSCHER VERTÄL"

veröffentlicht worden:

I   Van deä eene noa deä angere mont

II   Em Viierdel

III   Verschaie Schtökskes

IV   Dit un Dat

V   Wat et all jöev

VI   rongk ö-röm

VII   Van hott noa hüe

VIII   net te jlöeve

IX   örop un öronger

X   bongk dureen

Inhaltsverzeichnis

Nr.	Titel	Seite

	Vorwort	10
01	- Das Horoskop	12
02	- „Onkel Heinrich"	16
03	- Der Dinges	20
04	- Weinreise für Liebhaber	24
05	- Der Verschleiß	38
06	- Der Zug kommt	42
07	- Das Gerücht	46
08	- Die Delle	50
09	- Der Verzicht	54
10	- Gut oder schlecht	58
11	- Gesund essen	62
12	- Das Ziertuch	66
13	- „Küpes – Hüske"	70
14	- Die Dreistadt	74
	Nachwort	78

Wat doa dren schteet

No.	Vertäll	Sii-e
	Vöerwoert	11
01	- Et Vöruutsääge	13
02	- „Ohme Hein"	17
03	- Deä Dinges	21
04	- Wiinräs vör Leefhaaver	25
05	- Verschlii-ete Kroam	39
06	- Deä Tsoch kömp	43
07	- Deä Kool	47
08	- Di Blötsch	51
09	- Et Tsölibaat	55
10	- Joot of schlait	59
11	- Jesongk eäte	63
12	- Dat Schtronsläpke	67
13	- „Küpes Hüske"	71
14	- De Dreeschtad	75
	Noarwoert	79

Vorwort

Nun sind bereits weitere Kurzgeschichten
des „Rintscher Vertäl" mit dem Titel
„bongk dureen"
zusammengestellt worden.

Erzählungen aus dem Rintgen, Alltagsgeschichten
und Anmerkungen als Satire runden die Themen ab.

Soweit es möglich war,
wurden die in Platt geäusserten Worte
in hochdeutsch wiedergegeben.

Zum besseren Verständnis empfiehlt es sich -
wo angegeben zuerst in hochdeutsch
und dann in Dialekt zu lesen.

Wie stets, wünsche ich alles Gute zum Neuen Jahr,
frohe Ostern und Pfingsten,
ein glückseliges Weihnachtsfest
und besonders viel Spaß beim Lesen.

hb

V ö e r w o e r t

Nu send all wär verschaie Schtökskes
van „Rintscher Vertäl" möt deä Titel
„bongk dureen"
tesaame jeschtält woarde.

Alldaachs-Vertäl uut et Rintsche,
ö pinke Satiire un van Alläm jät.

Souwiit et jing, send di Wöert en „Platt"
en huuechdeutsch wiijer jejeäve.

Öm et beäter te verschtoan wüer et joot,
ii-ersch en huuechdeutsch,
un dan wi anjejäeve en „Platt" te leäse.

Wi emer, wönsch ich üech allet Joo-e em noie Joar,
vruue Poasche un Pengste,
ö jlökselisch Kresmesfäs
un vüel Plesier be et leäse.

hb

Das Horoskop

Einer muss den Anfang machen,
man kennt das ja bei vielen Sachen.

Vom alten in das neue Jahr,
damit kommt der **Steinbock** klar.

Schlaf nicht ein – jetzt bist du dran,
hört im Geist der **Wassermann**.

Ein **Fisch** muss schwimmen,
er hat keine Füße, um hoch zu klimmen.

Was auch immer heute passiert,
der **Widder** hat dagegen protestiert.

Der **Stier** will mit dem Kopf durch die Wand,
obwohl er weiß - er hat sich verrannt.

Für einen allein
stellt der **Zwilling** nichts auf die Bein'.

Oft hat er ein sonniges Gemüt,
der **Krebs** weiß stets wie es weiter geht.

Et Vöruutsääge

Eene mod dor Aanfang duu-en,
jede van os känt dat schuu-en.

Van et Oohe en et noie Joar,
doamöt kömp deä **Schteenbok** kloar.

Schloaep net en – jäts bösse draan,
hüert em Traan deä **Waatermoan**.

Ne **Voisch** mod schwöme,
heä hät jeen Vööt öm huur te klöme.

Wat ooch emer vandaach paseert,
deä **Widder** hät doateäje protästeert.

Deä **Stier** well möt dor Kopp duur de Wongk,
öf waal heä witt - et ös net Jesongk .

Vör Eene alleen
schtält deä **Tswilleng** neks op de Been.

Mee-is hät heä ö sonich Jemööt,
deä **Kräbs** witt emer wi et wiijer jeet.

Der **Löwe** – dem geht es meistens gut,
ansonsten sind oft die Anderen schuld.

Die alles in den Schatten stellt,
so glänzt die **Jungfrau** am Himmelszelt.

Ja oder Nein – man weiß es nicht,
die **Waage** ist um Ausgleich erpicht.

Der **Skorpion** hört gern Musik,
„Der Morgen graut" - von Edvard Grieg

Ach wenn ich doch einst König wär,
die **Schützen** laufen hinterher.

Nun ist das alte Jahr auch schon vorbei,
viel Zeit ist vergangen – wir bleiben dabei.

Gesundheit und Glück wünsch' ich – das ist klar,
deshalb sage ich – „Prosit Neujahr"!

***

Deä **Lööf** – däm jeet et mee-istens joot,
söös send aant Äng di Angere schoot.

Di alles en dor Schatte schtält,
di **Juffer** jlänts am Heemelstsält.

Joa of Nee – man witt et neet,
di **Woach** ös jliik un emer nät.

Deä **Skorpioun** hüert jeär Musik,
"deä Moreje jraut" - van Edvard Grieg

Ach wän ich toch ens Könich wär,
de **Schötse** loope hengerheär.

Nu ös dat Joar ooch wär vörbee,
de Tiit ös wäk – wör blii-eve hee.

Jesongkheet un Jlök wönsch ich dat ös kloar,
drom saaren ich – „Prosit Noijoar".

***

„ O n k e l   H e i n r i c h "

Ungelogen – es ist tatsächlich wahr,
im Rintgen war's – Mitte der fünfziger Jahr'.

„Onkel Heinrich"
von dem wir selten etwas vernahmen,
lebte auf dem Land in bescheidenem Rahmen.

Gesellschaftlich blieb er immer im Hintergrund,
arbeitete tüchtig – war kerngesund.

Da erreichte uns ein Brief mit schwarzem Rand;
wer hätte das gedacht,
„Onkel Heinrich" hatte sich vom Acker gemacht.

Einer muss morgen hin und Kondolenz erweisen,
zum lernen schickt man junge Leute auf Reisen.

Es gibt Dinge von denen ist man nicht entzückt,
ich bekam einen Kranz in die Hände gedrückt.

Mit dem Zug über Gladbach –
dann noch sechs Stationen,
weil „Onkel Heinrich" in dem Dorf tat wohnen.

„ O h m e   H e i n "

Et woar – dat ös onjeloore,
em Rintsche mede en de viftsiijer Joare.

„Ohme Hein"
van däm wör sälde jät hüerde,
woar op et Longk jruu-et jewoarde.

Heä blived emer en dor Oiterjrongk,
wireked vüel – woar keerjesongk.

Du köm ne Brief möt schworte Rongk –
weä hai dat jedait - o Schräk,
„Ohme Hein" haad sich vom Aker jemäk.

Eene van os mod moreje doa heen un kondoliire,
jonge Lüü möde suejät joa ooch liiere.

Et jöev Denge di maake jeen Vroit,
ich kreech ne Kronts en de Venger jedeut.

Möt deä Tsoch üewer Jläbäk;
noch sääs Schtatioune,
öm dat „Ohme Hein" doa en dat Dörep dii-en woune.

Wäre ich am Tag vorher nicht so lang ausgegangen,
hätte ich mir den Ärger nicht eingefangen.

Der Bummelzug fuhr – ta ram, ta rim,
so dass ich mit dem Kranz in Ruhe eingeschlafen bin.

Endstation Aachen;
der Zug fuhr zurück in wenigen Minuten,
Herrgott noch mal – ich musste mich sputen.

Noch zwei Kilometer zu Fuß;
mit dem Kranz auf dem Arm,
die Mittagssonne war für die Blumen zu warm.

Auf dem Friedhof - mutterseelenallein,
mein Kranz zu den Anderen – das sollte so sein.

Alle hatten an der Kaffeetafel Platz genommen,
als ich erzählte wie es zu dem Unglück gekommen.

Zunächst hat alles noch bedauernd geklungen,
ich wäre am liebsten in die Erde versunken.

Ein Schmunzeln, Grinsen dann ein herzhaftes Lachen.
In der Bude war Stimmung – was soll man da machen ?

Hai ich deä Daach vörheer net sue lang jevii-ert,
wüer dat Onjlöck flee-its neet paseert.

Deä Bomeltsoch vuur - ta-ram, ta-röm
sue dat ich möt deä Kronts en Rau enjeschloape bön.

Ängschtatsioun Oake;
deä Tsoch vuur kört drop tröök,
leäven Heär – nu haad ich et drök.

Noch twii-e Kilemeeter te Foot
möt deä Kronts en dor Ärem,
di Medaachsson woar vör di Blömkes te wärem.

Op deä Kerekhoaf woar ich moderselich aleen,
dat Jraav van „Ohme Hein" woar neet de översii-en.

All haade aan de Kafetoafel plaats jenome,
un ich vertäl wi vandaach alles jekome.

Ii-ersch haad jeder et noch beduurend jevongke,
ich wüer et leevs en de Eert versongke.

Ö jröömele, jrinse dan ävel hälop Laache,
et woar Schtemung en de Buud - wat wel'se maache?

„ Der Dinges "

Heute wird ja viel erzählt,
mitunter aber der bestimmte Name nicht einfällt.

Irgend etwas bleibt jedoch immer hängen,
dass passende Wort muss sich noch aufdrängen.

Dieser Tage lief ich die Gladbacherstrasse entlang,
zufällig traf ich dort den „Dinges"; den Hans Trang.

Hannes kannte ich von früher als wir uns trafen,
er kam stets zu spät – hatte sich oft verschlafen.

Nach der Schulzeit
hab ich ihn aus den Augen verloren,
er fühlte sich gut drauf wie „Dinges"- ö neugeboren.

Er wollte wissen
wo sich der „Dinges" Peter Müller befand,
der damals auf Marie von „Dinges" so stand.

Hannes hat früher im Robend bei „Dinges"
Fussball gespielt,
„Germania" - sagte ich da gezielt.

„ D e ä   D i n g e s "

Vandaach wörd joa vüel vertält,
mötonger dich ävel ne beschtömde Naam net envält.

Örejes jät bliv toch emer häenge,
man mod di Wöert laater maar noch venge.

Dees Daach leep ich de Jläbäkerschtroat lans,
tauvalech troaf ich doa deä „Dinges"
- deä Trang Hans.

Hannes haad ich van vroier noch jekänt,
heä koem emer te laat – haad sich verpänt.

Noar de School hab ich öm uut de Oore verloore,
heä vöelt sich nu joot drop wi
„Dinges" - ö – wi noijeboore.

Du woult heä wii-ete wi et däm „Dinges" -
däm Pitter Müller jeet,
deä woar emer op Marie van „Dinges" sue breet.

Hannes hät vroijer em Robend be „Dinges" jepängt,
„Germania" hab ich du enjelängkt

Heute wohnt er in „Dingeskirchen" schon länger
war Abteilungsleiter bei „Dinges" - Genenger.

In der Zeit hat er seine Frau kennen gelernt,
soeben haben sie „Dinges" - Goldhochzeit gefeiert.

Inzwischen ist er schon lange in Rente,
früher fuhr er oft mit einer „Dinges" -
genau einer „Ente".

Eine schwere OP hat er überstanden,
ihm ist nun eine „Dinges" - eine Niere abhanden.

Klinisch hatten man ihn schon aufgegeben,
wie ein Wunder blieb er „Dinges" - noch am Leben.

Er ist auch immer viel auf Tour,
vorigen Monat noch in „Dinges" - Bad Ischgl zur Kur.

Das Wort „Dinges"
will sich in jedes Gespräch einschleichen,
jeder kann „Dinges" nun mit vielem vergleichen.

Man wird älter – muss stets mehr behalten,
gut – dass wir uns über „Dinges" einmal unterhalten.

Vandaach wount heä nu en „Dingeskereke",
heä woar lang be „Dinges" - Genenger aant wireke.

En dese Tiit haad heä sii-en Vrouw käne jeliirt,
läts Joar hant se „Dinges" - Joldhuechtiit jefiirt.

Ongerhongs ös heä all lang en Rente,
vroier jükelt heä döks möt en „Dinges" -
jenau en „Ente".

En schwoare OP haad heä mötgemäk,
op jede Val woar en „Dinges" - en halve Niier wäk.

Kliinisch haade se öm all opjejeäve,
wi e Wonger bleev heä „Dinges" - noch aant Leäve.

Heä ös ooch emer vüel op Tuur,
vöerije Mont noch en „Dinges" - Bad Ischgl en Kuur.

Dat Woard „Dinges"
hät sich en jede Kool örenjeschliieke,
tsonger „Dinges" löt sich neks miier verjliieke.

Man wörd älder – mod emer mii-er behalde,
joot – dat wör över „Dinges" ens kalde.

„ W e i n r e i s e   f ü r   L i e b h a b e r "

Ein guter Tropfen lenkt den genussvollen Blick
zu Land und Leuten.
Er lädt die Rintger ein zu einer geselligen Reise
zu den lieblichen Weinlagen, die mit den
jeweiligen Orten, im sonnenverwöhnten Moseltal
verbunden sind.

In der alten Römerstadt Trier beginnt die „Weinreise",
wo sich zunächst die Lage des
„Trierer Jesuiten-Kreuzgarten"
eindrucksvoll darbietet.

Kurz danach grüßt links schon der
„Schweicher Annaberg",
bevor man ein Stück weiter am
„Longuicher Vogelsberg" entlang
zum **„Rioler Schildkopf"** kommt.

Flussabwärts am Ufer steht die komplette
„Klüsserather Bruderschaft"
und winkt hinüber zum
„Köwericher Klausenwingert".

„ W i i n r ä s   v ö r   L e e f h a v e r "

Ö joot Dröpke möt schmaak drengke –
un ne Blek vör Longk un Lüü.
Et läät Rintscher en, tau en jesällije Räs
lans leeflike Wiinlaare, di möt di
doa liijende Öertjes, em sonneverwänte Mouseldaal
verbonge send.

En di alde Römerschtad Trier bejint osse „Wiinräs",
woa et ii-ersch di Laare van deä
„Trierer Jesuiten-Kreuzgarten"
breet vör os liik.

Direktemang doanoar jrüüst lengks all deä
„Schweicher Annaberg",
bevör man ö Schtök wiijer aan deä
„Longuicher Vogelsberg" lans
noa deä **„Rioler Schildkopf"** kömp.

Schtroomaaf aan de Kongk schteet di versaamelde
„Klüsserather Bruderschaft"
un wengt erööver noar deä
„Köwericher Klausenwingert".

Dann geht es entlang des **„Leiwener Sonnental"**.

Der folgende Blick richtet sich auf den
„Trittenheimer Laurentiusberg",
bevor man in der nächsten Schleife
bereits die Hochlage
der **„Trittenheimer Apotheke"** erreicht.

Zur inneren Einkehr verspricht das
„Trittenheimer Altärschen"
einen geselligen Tagesabschluss.

Beim ausgiebigem Dämmerschoppen
konkurrieren zwei Winzer,
wer den besseren Tropfen kredenzt.
Ständig wurden die Tropfen edler
und die Nacht kürzer.

Mit der entsprechenden Absolution
erreichten wir am nächsten Morgen
den ältesten römischen Weinort jenseits der Alpen,
wo der **„Neumagener Bock"**
durch das **„Neumagener Paradies"** streift.

Due jeet et lans et „**Leiwener Sonnental**".

Deä volejende Blek jönt man sich op deä
„**Trittenheimer Laurentiusberg**",
bevör man en di näkste Schlööp
all di Huechlaare van
de „**Trittenheimer Apotheke**" süüt.

Öm ne Säeje op di Räs te kreeje,
besööke wör dat „**Trittenheimer Altärchen**"
un loate doanoar deä Daach uutklenge.

Be ne däftiije Dämmerschoppe
welle twiie Winzer wii-ete,
weä di beätere Dröpkes beköstije deet.
Möt dän Tiit wourd du deä Wiin
besongersch joot un di Nait köerter.

Möt jooe Wöert un sellije Absolution
koame wör aan dor voljende Morje
noar deä oodste römische Wiinplaats
böversch de Alpe,
wuo deä „**Neumagener Bock**"
duur dat „**Neumagener Paradies**" löpp.

Der verstohlene Blick vom
„Piesportener Michelsberg" nach Osten
treibt erwartungsfrohe Tränen in die Augen.

Die **„Piesporter Goldtröpfchen"**
benetzen schon vom Zuschauen die Wangen.

Hier sollte man einkehren!
Denn um die **„Minheimer Taubenhäuser"** herum
erwartet uns schon der
„Wintricher Großer Herrgott".

Hinter der Mosel-Staustufe kann man bereits den
„Kestener Paulinshofberg" sehen.

Wäre da nicht der
„Brauneberger Mandelgraben",
von dem man bequem zum
„Brauneberger Klostergarten" gelangt,
liegt gegenüber nun tief ausgebreitet
die **„Brauneberger Juffer"** vor uns
und lässt uns kurz genießerisch verweilen.

Ne verstoalene Blek vom
„Piesportener Michelsberg"
noar Ooste driv vroidije Troane en de Ooche.

Di **"Piesporter Goldtröpfchen"**
loope all be et tou kiike lans et Jeseet öronger.

Du jeet di Räs wiijer!
Dän öm di **„Minheimer Taubenhäuser"** öröm,
waat all ob os deä
„Wintricher Großer Herrgott".

Doarbee löt sich henger de Mousel-Schtoaschuuv
all deä **„Kestener Paulinshofberg"** sii-en.

Wüer doa neet deä
„Brauneberger Mandelgraben",
van däm man äeve sue joot noa deä
„Brauneberger Klostergarten" kömp,
leet sich täejenöver deep uutjebreet
di **„Brauneberger Juffer"** sii-en,
di os vör en köerte Tiit verwänt.

Um heute noch die damalige Weinkönigin
Nicole Kocher zu besuchen,
betraten wir zunächst an der „**Mülheimer Bitsch**"
über die Moselbrücke, wo ein Wingert-Wanderweg
zum „**Maringer Honigsack**" führt.

Dann wählten wir den Weg über den
„**Lieserer Niederberg**",
der direkt zum „**Lieserer Schlossberg**" führt,
wo Nicole uns schon erwartet.

Auf ihren Tipp hin besuchten wir
wenige Kilometer weiter
den „**Bernkasteler Doktor**" und die gern aufgesuchte
„**Bernkasteler Badstube**"
Dort kann man sich auf dem
„**Kuseler Königsstuhl**" ergiebig ausruhen.

Man fühlte sich schon im „**Graacher Himmelreich**"
und vergisst fast, hin und wieder auf die
„**Wehlener Sonnenuhr**" zu schauen,
die nicht weit entfernt
vom „**Zeltinger Johannisberg**" liegt.

Öm nu vandaach di Mousel-Wiinkönejin
Nicole Kocher te besööke,
joant wör ii-ersch ens lans de „**Mülheimer Bitsch**"
üewer de Mouselbröök, wou ne Wingert-Wanderweäch
noar deä „**Maringer Honigsack**" örop jeet.

Äfkes laater loope wör deä Weäch över deä
„**Lieserer Niederberg**", deä trektemang
noar deä „**Lieserer Schlossberg**" vöert,
wou Nicole all op os waard.

Op Nicols Tip hen besööke wör
wenije Kilemeeter wiijer
deä „**Bernkasteler Doktor**" un di jeär opjesöökte
„**Bernkasteler Badstube**".
Doa kan man sech op deä
„**Kuseler Königsstuhl**" möt jemaak uutraue.

Em „**Graacher Himmelsreich**"
vöelt man sich joot opjehoave un deet verjeäte,
aventou ens op di „**Wehlener Sonnenuhr**" te luure,
di neet wiit wäk vom
„**Zeltinger Johannisberg**" lik.

Vom „**Erdinger Treppchen**",
konnten wir gegenüber genüsslich den üppigen
„**Ürziger Weingarten**" unmöglich übersehen.

Von der Hochlage des „**Kinheimer Eulenlay**",
lässt es sich kaum vermeiden,
dem „**Kröver Nacktarsch**"
sprichwörtlich ins (Gesicht) zu blicken.

Kommen wir dann zum
„**Trarbacher Lacherküppchen**",
wo weinselige Pärchen sich treffen, kann man
bei Bedarf vom „**Trarbacher Liebeskummer**"
ohne größere Probleme ins
„**Traben-Trarbacher-Klösterle**" gehen.

Wenn man aber den Weg der Tugend weiter geht,
kommt man nicht umhin,
dem „**Enkircher Gaispfad**" zu folgen,
der zum „**Burger Pfarrgut**"
und unmittelbar jenseits über den „**Reiler Goldlay**"
zum „**Reiler Kirchenstück**" führt.

Vanaaf et **„Erdener Treppchen"**, woar
deä teäjenöver ligende **„Ürziger Weingarten"**
neet te üeversiien.

Di Huuechlaare des **„Kinheimer Eulenlay"**
lött sich schlait ömjoan,
tsonger däm **„Kröver Nacktarsch"**
schpräekwoertelek vis-avis en et (Jeseet) te kiike.

Koame wör du noar et **„Trarbacher Lacherküppchen"**;
woa sich wiinsellije Päerkes träfe, löt sich wän man well
van deä **„Trarbacher Liebeskummer"**
tsonger Palaaver en et
„Traben-Trabacher Klösterle" joan.

Wän man äver dän Weäch jeär wiijerjoan mööt,
kömp man neet ömhen,
däm **Enkircher Gaispfad"** te volje;
deä noar et **„Burger Pfarrgut"**
un op jöen Sii-e üewer de **„Reiler Goldlay"**
noar et **„Reiler Kirchenstück"** löpp.

Erschöpft, aber überglücklich entdecken wir neben
dem Radweg eine Gelegenheit zum Wassertreten
und oberhalb den **„Pündericher Rosengarten"**.

Schlagartig wurde mir klar,
dass ich ganz in der Nähe schon einmal
mein **„Briedeler Herz"** verloren hatte.

Ob es mit der **„Zeller Schwarzen Katz"** zu tun hat,
weshalb gerade dort oft „Land unter" gemeldet wird,
ist immer noch nicht geklärt.
Vermutlich hat die Katze sich in der
„Merler Hölle" verkrochen.

Am **„Bullayer Silbergraben"**
überquert die Eisenbahn die Mosel vorbei am
„Alfer Gartenwingert"

Aus dieser Entfernung,
kann man bei günstiger Wetterlage vielleicht den
„Bremmer Vogelsang" vom Calmont her hören.
Gegebenenfalls muss man sich mit dem
„Neefer Sauend" zufrieden geben.

Hongsmööch – äver överjlöklich soare wör
neäve de Fitspaad en Jeläejenheet
en Waaterträänanlaach te benotse
un boaven ö-rop deä „**Pündericher Rosengarten**"
te besööke.

Op eene Schlaach wourd mich kloar, dat osereene
doa eemool dat „**Brieler Herz**" verloor.

Of dat nu möt di „**Zeller Schwarze Katze**"
jät te duuen hät, wöröm jraad doa döks
„Longk onger" jemält wörd,
ös emer noch neet objelöes.
Man mod aannäeme dat di Kott sich en de
„**Merler Hölle**" verkroape hät.

Aan deä „**Bullayer Silbergraben**"
överkweert di Ii-eserbaan di Mousel;
vörbee am „**Alfer Gartenwingert**".

Van wiit aav kan man be rait Weär fleeits deä
„**Bremmer Vogelsang**" vom „Calmont" aav hüere,
of man jöev sich möt däm „**Neefer Sauend**" tefriie.

In unmittelbarer Nachbarschaft vom
„Ediger Elzberghof",
bevorzugen manche zum Beispiel einen lieblichen
„Ediger Hasensprung", womit man eventuell in der
„Senheimer Goldgrube" landet,
nicht weit entfernt vom
„Ellenzer Goldbäumchen", das so prächtig wächst.

Zum Ende unserer kurzen Moselreise,
besuchen wir die traditionelle
„Reichsburg" in Cochem. Bei einem erfrischenden
„Cochemer Tummelchen"
und lassen den Tag ausklingen.

Selbstverständlich gibt es an der Mosel
noch etliche Lagen und gemütliche Orte.

Sollten sie auf den Geschmack gekommen sein,
kann ich nur sagen;
BEI BACCHUS – PROBIERT ES AUS !

***

Deä Nobber täejenöver ös deä
„Ediger Elzberghof".
Et send Lüü di träke baischpeelswiis ne leeflike
„Ediger Hasensprung" vüer, woumöt man fleeits en een
„Senheimer Goldgrube" vält,
neet wiit wäk vom **„Ellenzer Goldbäumchen"**
dat sue schtaats wääs.

Aant Äng van sue en köerte Mouselräs,
besööke wör di hohe **„Reichsburg"**
en Cochem, un loate be ö leker vresch
„Cochemer Tummelchen"
deä Daach senich uutklenge.

Sälevsspräekend jöev et aan de Mousel
noch mänije Wiinlaare un jemäklike Oertsches.

Sal ii-emes op dor Schmaak jekomme sii-en,
kan ich maar saare;
BE BACCHUS – UUTPROBEEREN !

***

Der Verschleiß

Immer jung und ewig leben,
kann es für Heinrich was Besseres geben?

Unbemerkt – mit zwanzig Jahren fing es an,
zunächst lässt nach - das Seh- und Hörorgan.

Über Testosteron und den Gelenken,
lohnt es sich mal nach zu denken.

Es dauert nicht lang – ab dreißig Jahr,
verändert sich auch Haut und Haar.

Fünf Kilo zu viel – ist gar nicht gut,
mit vierzig geht es in die Mucki-Bud'.

Die Hormone spielen verück',
jetzt wird es Zeit – vielleicht hat Hein noch Glück.

Die Darmflora muss dringend zum TÜV,
mit fünfzig
hat man die Nieren nicht mehr im Griff.

Verschlii–ete Kroam

Emer jong un ewich leäve,
kan et vör Hein jät beätersch jeäve?

Schtekum, möt twentich Joare vängk et aan,
et ii-ersch löt noar - dat Kiik un Luusterorjaan.

Üewer Testeron un de Jelängke
luent et sich ens noar te dengke.

Et düert net lang - vanav därtich Joar,
verängert sich ooch Huut un Hoar.

Viiv Kilo te vüel – send jaarnet jood.
möt vertich jeet et en de „Mucki-Buud".

De Hormoone schpeele verök,
jäts wörd et Tiit – Hein hät et nou drök.

De Darmflora mot noar dor TÜV,
möt viftich hässe de Niiere net mii-er em Jref.

Um die Gedanken legen sich graue Zellen,
mit sechzig fängt man an, von früher zu erzählen.

Kurz vor siebzig stellt sich die Arbeit langsam ein,
kann das humangenetisch überhaupt richtig sein?

Die Arterien verkalken – das Gesicht hat Falten,
die Jahre vergehen –
nun gehört Hein zu den „Alten".

Wie kann es sein – fragt Hein ganz benommen,
warum ist er da nicht früher darauf gekommen?

Eine Verjüngungskur – Spritzen setzen
und Pillen schlucken,
und nicht mehr in den Spiegel gucken.

Auch wenn man will –
es geht nicht, die Zeit zurück zu drehen,
die Uhr läuft weiter und bleibt nicht stehen.

Immer jung – ist nur ein Traum wie man weiß,
es ist und bleibt – einfach Verschleiß.

***

Öm de Jedangke lääge sich jriise Tsäle,
möt sästich vängs'e aan van vroier te vertälle.

Kört vöer seventsich schtälse et Wireke en,
mäk dat jenetisch partou noch Senn?

De Arterii-e verkalke – et Jeseet hät Valde,
de Joare verjoan – nou ös Hein deä „Alde".

Wi kan dat sii-en – vroach Hein jonts benome,
wöröm ös heä doa net vroier drop jekome?

En Verjüngungskuur – schpööte säete
on Pelle vuure,
un neet mii-er en dor Schpeejel luure.

Man kan et driiene wi man well – lot joan,
di Uur di löp – un bliv net schtoan.

Altiit jong – ös maar ne Droom,
wi jesait – „Verschliiete Kroam".

***

Der Zug kommt

Die Älteren von euch wissen noch
wie das früher war,
der erste Zug in Viersen vor gut 170 Jahr'.

Diesen Zug konnte man damals
im Rintgen erleben.
Fahrpläne hat es zunächst noch nicht gegeben.

Es hatte sich schnell herumgesprochen,
zum Schauen machten sich die Leute
„auf die Socken".

Um irgendwie zum Bahnhof hinzukommen,
das hatten sich hunderte Leute fest vorgenommen.

Die Zugfahrt - spottbillig aber ohne Toiletten,
2 Pfennig pro Kilometer kosteten die Billetten.

Eine braune Fahrkarte für die Holzklasse drei,
ein vornehmer Herr rief; „dasselbe in grün"
für die gehobene Klasse zwei!

Deä Tsoch kömp

Di Äldere van üech wii-ete noch
wi dat vröejer woar,
deä ii-erschte Tsoch en Vii-ersche vör joot 170 Joar.

Di Persoune-Doomplok kont man
em Rintsche nu erleäve.
Vaarplään dii-en öt joa noch neet jeäve.

Et haad sich äver jau örömjeschprooke,
vör te kiike meeke sich de Minsche
„op de Socke".

Örjenswie noa deä Baanhoaf te kome,
dat haade sich hongerte Lüü voas vörjenoame.

Di Tsochvaart schpotbelich ävel tsonger Toilete,
2 Pening deä Kilemeeter koaste di Biljäte.

En bruune Vaarkaart vör di Hootklas dree,
van henge reep ne fiine Heär;
„dat sälefe en jröen" vör di beätere Klas twiie!

Von Viersen nach Duisburg –
das war schon sehr weit,
aber man hatte ja früher auch reichlich Zeit.

Um nicht zu verhungern auf so langer Reis',
ging es in das Restaurant von Rütt Theis.

Ein halbes Brötchen mit Käse oder Wurst belegt,
für 6 Pfennig – das war schon gepflegt.

Damit es rutscht noch einen einfachen Klaren,
für 5 Pfennig – da darf man nicht sparen.

Dann kam das feuerspeiende Ungetüm
dampfend und zischend zum Bahnhof herein.

Im Wartesaal ertönte eine Schell',
durch die Sperre auf den Bahnsteig nun schnell.

Nach Krefeld oder Duisburg ging es - na klar,
in drei Stunden war der Reisende schon da.

Hatte man vergessen zur Toilette zu gehen,
dann blieb der Zug für dich aber nicht stehen.

Van Vii-ersche noar Duisborech –
dat woar all ärech wiit,
äver man haad joa vröejer ooch vüel Tiit.

Öm net te verhongere op suu-en lange Räs,
jing et en dat Restaurant van Rütte Theis.

Ö halev Brötsche möt Kiies of Wursch belait,
vöer 6 Penning – dat woar net schlait.

Doamöt et rötsch noch ne äfe Kloare,
vöer 5 Pänning – doa döerv man net spaare.

Em Waardesaal bimelt en Schäl,
duur de Bajeer op deä Perong nu schnäl.

Du koam dat füerschpeiende Unjetüüm
möt dompe un tsische be deä Baanhoaf örin.

Noar Krii-efeld of Duisborech jing et doanoar,
en äfkes dree Schtond woar'se all doa.

Un haad'se verjeäte noa et Hüske te joan,
dan bliv deä Tsoch ävel wäejens dich neet schtoan.

Das Gerücht

Es gibt Dinge, die du nicht aufhältst,
sind nicht zu packen und laufen von selbst.

Eine verrückte Geschichte hinter der hohlen Hand,
fliegt durch die Luft in Stadt und Land.

Hast du gehört von dem Siegers Krint,
die Jungfrau Müller
bekommt schon wieder ein Kind?

Aber dem Krint – ihm geht es gut,
sagt – damit hätte er nichts am Hut.

Dann wachsen dem Gerücht lange Beine,
inzwischen weiß und denkt jeder das Seine.

Es wird gemunkelt wie es weiter geht,
ob es morgen bereits im Kirchenblatt steht?

Irgendwer packt noch eine Schippe drauf,
es wird immer verrückter und hört nicht auf.

Deä Kool

Et jöev Denge di de net ophälts,
send net te packe un loope van sälefs.

Ne dolle Vertäl henger de hoale Hongk,
vlüech duur de Lof en Schtad un Longk.

Häste jehüert van deä Siegers Krint,
di Juffer Müller kret all wäer ö Kengk?

Äver däm Krint - däm jeet et joot,
sät - doarmöt hai heä neks am Hoot.

Dan waase däm Jerüscht lange Been,
entösche wit dat hoas ii-edereen.

Et wörd jemungkelt wi et wiijer jeet,
of et moreje all en et Kerekeblätsche schteet?

Un ii-emes pak doar noch en Schöp drop,
et wörd emer doller un hüert net op.

Krint muss nicht meinen alles wär vergessen,
auch dass er in Anrath zwei Jahre gesessen.

Der Geizkragen hätte die Frau sitzen gelassen,
mit sechs Kindern – es ist nicht zu fassen!

Öfter wurde Krint auf der Rennbahn gesehen,
das Geld verloren – so wär' es geschehen.

Sein Nachbar erzählt jedenfalls,
Krint hätte genug Schulden am Hals.

Es ist kaum zu glauben –
man wird noch beklopp`,
Niemand hält ein und sagt mal „Halt stop"!

Am Ende stellt sich heraus und jedem ist klar,
das Meiste ist gelogen und daher nicht wahr.

Das Gerücht ist in Luft aufgegangen,
und jeder tut so als wär er befangen.

***

Krint mod net meene allet wüer verjeäte,
dat heä en Anroat twii-e Joar jeseäte.

Deä Jitsrämel hät di Vrauw sette loate,
te saame möt däeren sääs Puute.

Dökster woard heä op de Ränbaan jesiien,
et Jält verjuks - deä jontse Jewin.

Deä Nober vertält un sät jedefals,
Heä hai ooch ne hoop Scholde aan dor Hals,

Et ös koem te jlööve -
man wörd noch beklop,
Nii-emes ös doa deä sät du „Hüer - op"!

Aan't Äng schtält sich öruut – un jedäm ös kloar,
et Mee-is ös jeloare un överhaupt net woar.

Deä Kool hät sich jau en Lof opjeloos,
un jeder deet sue as hai heä neks jewous.

***

Die Delle

Überall - wird gesagt und mit Recht,
eine Delle zu haben ist immer schlecht.

Blötsche, Beulen, Dellen oder Tute,
drücken sie sich hinein
oder wachsen nach außen.

Erst eine Beule am Kopf und dann eine Tut,
umgekehrt wär auch nicht so gut.

Hat dich mal eine Wespe gestochen,
bist du innerlich am kochen.

Mit Beten geht die Beule nicht weg,
dann greif' sofort zur Hausapothek'.

Halte ein kaltes Brotmesser an die Stellen,
das ist erste Hilfe
in solch unglückseligen Fällen.

Beulen finden sich überall,
das ist in vielen Situationen der Fall.

Di Blötsch

Üewerall - sue wörd jesait,
en Blötsch te habe ös emer schlait.

Blötsche, Bülle, Dälle of Tuute,
doi-e di sich örin of woase noar buute?

Ii-ersch en Büll aan deä Kopp un dan en Tuut,
ömjekiiert wüer ooch net joot.

Hät dich ens en Wääsp jeschtoake,
bös do enerlich aant koake.

Möt Beäne jeet di Tuut net wäk,
dan jriipse jau noar de Huusapeteek.

Ö koot Bruetmäts op di Schtäll,
ös öerschte hölep en su-en onjlökselije Väll.

Büüle venge sich üeverall,
dat ös jede Daach döks dor Vall.

Das neue Auto, dass Matthias fährt,
keinen Druck gegen das Blech verträgt.

Matthias schaute zur Seite zu Meiers Leen,
hatte rechts den kleinen Pfosten nicht gesehen.

Den Aufprall konnte Matthias noch mitkriegen,
er sah sich schon durch dass Fenster fliegen.

O Gott o gott – was ging das schnell,
eine große Blötsch – nicht nur 'ne Dell.

Es ist nur ein Auto – dass wird repariert,
Matthias ist jedenfalls nichts passiert.

Aber wie das Leben so spielt,
wer weiß wie so ein Auto sich fühlt?

Ob Tute, Beulen, Blötsche und Dellen,
einzeln besehen lässt sich noch viel erzählen.

***

Dat noie Auto dat Mattes deet vaare,
maach jeene Doi tänge et Bläek verdraare.

Mattes luurde op Sii-e noar et Meiers Fiin,
haad raits deä kleene Poos net jesii-en.

Deä Oprall hät Mattes noch mötjekreeje,
un soach sich all duur et Venster fleeje.

Häerjeminee – wat jing dat schnell,
en jruute Blötsch – net maar en Däll.

Et ös blos ö Auto – dat wörd repareert,
Mattes ös jedevools neks paseert.

Ävel wi dat Leäve sue schpölt,
wäe witt wi sue Auto sich vöölt?

Of Tuute, Bülle, Blötsche un Dälle,
engkel bekieke leet sich noch vüel vertälle.

***

Der Verzicht

Einfältig zieht der Fisch seine Runden,
nirgends ist er festgebunden.

Warum er dies tut - bleibt offen die Frag',
aber heute ist ihm danach.

Der Mäuserich hat nicht lange gefackelt,
kam die Maus da entlang gedackelt.

Es ist wie immer - des Nachwuchses wegen,
ist das Pech oder glücklicher Segen?

Von oben sieht die Welt anders aus,
der Mehrling flötet und fand schnell heraus,

das Fräuchen lässt sich leicht betören,
um sich die Zwitscherei mal an zu hören.

„Ja die Natur" - kann man da sagen,
die kennt sich aus – viel länger an Jahren.

Et Tsölibaat

Eevällisch träk deä Voisch sii-en Ronde,
nörejes ös heä voasjebonge.

Woröm heä dat deet ös mich neet kloar,
äver vandaach ös öm doanoar.

Deä Mäuserich hät net lang jefakelt,
koam di Muus doa lans jedakelt.

Schwubs hant se all wäer
ö paar Müskes jekreeje,
ös dat Päech of jlökselije Säeje?

Van boave süet di Wält angersch uut,
deä Märling flöet un witt jonts joot,

dat Vräuke kömp jliik aanjefloore,
öm sich deä Tüürelüü ens aan te hoore.

„Joa de Natuur" - kan man doa saare,
di känt sich uut – vüel länger aan Jaare.

Dann kam der Mensch, der Fragen stellt,
der nichts vom Durcheinander hält.

Gesetze und Normen bringen mehr,
einige Menschen profitieren davon sehr.

Missgunst und Streit folgen auf dem Fuß,
die Geschichte lehrt wie es oft enden muss.

Greise Männer klammern sich fest an das „Alte",
die lernen nicht mehr sich anders zu verhalten.

Dieses zu denken,
hätte sich früher niemand getraut,
zum Beispiel ein Zölibat ist heut' mega-out.

Warum nicht das Eine tun
und das Andere nicht lassen,
zusammen sein und leben in Maßen?

Zurück zum Anfang – macht reinen Tisch,
wie oben der Vogel, die Maus und der Fisch.

***

Du koo-em deä Minsch deä Vroore schtält,
deä neks van duurönanger hält.

Jesätse un Norme brenge mii-er,
vör enkele Minsche ö Plesier.

Mesjonts un Schtriit kömp doa van aav,
de Jeschichte liert dat örop un öraf.

Ooae Knöp di klamere sich voas aan dat Alde,
di liere net mii-er sich angersch te verhalde.

Suejät te dengke
haad sich vroier niiemes jetraut,
baischpeelswiis ös dat Tsölibaat hüet mega-out.

Woröm dat Eene duu-en
un dat Angere net loate,
tesaame sii-en un leäve möt moate?

Vang van vüere aan - maak reene Doisch,
wi boave deä Vuurel, di Muus un deä Voisch.

***

Gut oder schlecht

Im Leben geht es herauf und hinunter,
nur herauf – das wär' schon ein Wunder.

Man redet gern darüber, wenn es gut geht,
beschwert sich aber, wenn es schlecht steht.

Es kann doch nichts besseres geben,
jeder lebt sein eigenes Leben.

Der Eine ist selig mit dem was er hat,
Andere kriegen und haben
und werden nicht satt.

Für Hein scheint der Himmel stets blau,
dagegen sieht Jupp alles grau in grau.

Hein glaubt immer an das Gute in den Personen
Jupp zweifelt - und würde sich das lohnen?

Es wird wohl gelingen – so denkt Hein sich das,
Jupp malt sich aus was er immer verpasst.

Joot of schlait

Em Leäve jeet et örop un öronger,
alleen maar huur - wüer ooch ö Wonger.

Man kallt jeär drüever wän et joot jeet,
palavert äver wän et öt net deet.

Et kan toch neks beätersch jeäve,
jeder leäv sii eeje Leäve.

Deä Eene ös selich möt dat wat heä hät,
Angere hant vör dor Kopp ö Brett.

Vör Hein schint deä Heemel altiit blau,
doateäje süüt Jupp alles jrau en jrau.

Hein jlöv emer aan dat joo-e em Minsch,
Jupp lik döks möt sich sälefs em Clinch.

Et sal waal flupe – sue dengk Hein sich dat,
Jupp moalt sich uut wat alles net klap.

Hein lebt heute und sorgt sich nicht um morgen,
Jupp macht sich bereits vorzeitig Sorgen.

Hein spielt Lotto und gewinnt auch noch,
Jupp zieht Nieten noch und noch.

Hein ist bei den Mädels sehr beliebt,
er wartet ab was sich daraus ergibt.

So etwas ist für Jupp viel zu riskant,
er hat sich schon oft
daran die Finger verbrannt.

Ist Jupp nun ein wenig naiv,
oder hält Hein sich für klug und aktiv?

Man muss alles von zwei Seiten besehen,
es ist dann auch leichter zu verstehen.

Was ist nun gut - und was ist nicht gefragt,
es „kommt wie es kommt" -
wie Goethe bereits sagt.

***

Hein leäv hüüt un sorch sich net öm moreje,
Jupp deä mäk sich vandaach all Soreje.

Lotto schpeelt Hein un jewönt ooch noch,
Jupp träk Niite noch un noch.

Hein hät ö Meädsche käne jelii-ert,
nu waat heä aav wat wiijer paseert.

Suejät ös Jupp vüel te reskant,
heä hät sich all döks de Venger verbrant.

Ös nu Jupp ö pinke naiv bedait,
of hält Hein sich vüer klook un hät rait?

Man mod alles van twii-e Sii-e bekiike,
et ös dan leeter te verjliike.

Wat ös nu joot un wat ös schlait,
et „kömp wi et kömp" - wi Goethe all sait.

***

Gesundes Essen

Manch einer lebt von der Luft
und der den Glauben daran liebt.
Der Andere weiß montags schon was es freitags gibt.

Was sich heutzutage so alles tut,
man isst sich durch - oder lebt Diät ganz gut.

Die Morgenluft riechen, klares Wasser trinken,
ein trockenes Knäckebrot essen mit Tofu-Schinken.

Über den Zaun mit dem Nachbarn reden,
wie geht es der Galle - was macht die Leber?

Dann hörste du im Dorf die Glocken schlagen,
es ist Mittag - es meldet sich der Magen.

Die alten Sprüche – die kannst du vergessen,
„Appetit - der kommt beim Essen".

Kartoffel mit Soße und Bohnen aus dem Garten,
eine vegane Wurst dabei darfst du heut' erwarten.

Jesongk eäte

Mänicheene läev van de Loof un däm Jlöev,
deä Angere witt Moanes all
wat et Vriidaachs jöev,

Wat sich op vandaach sue alles deet,
man vreät sich duur - of läev diät.

De Morjeslof ruuke, äfe Waater drenke,
ö drüech Knäkebruud eäte möt Tufo-Schengke.

Över deä Tuun möt däm Nobber kalle,
wi jeet et de Leäver un wat mäk de Galle?

Dan hüerse öm Dörep deä Jlokeschlaach,
et ös Medaach - et mäld sich deä Maach.

Di alde Schpröch – di kanse verjeäte,
„Apetit deä kömp be et Eäte".

Eärpel möt Tsaus un Bonne uut dor Jaart.
En veejaane Wursch jöev et vandaach.

Dazu noch einen „Kurzen", damit es gut rutscht,
da überfällt dich der Schlaf
du schaust schon verdutzt.

Ein Stündchen später
bist du wieder auf den Beinen,
durch Feld und Busch über Stock und Steinen.

Düstere Wolken – Regen kommt auf,
du möchtest schnell heim im strammen Lauf.

Früchtetee gibt es pünktlich um fünf Uhr,
ein Dinkelbrot mit Kraut gibt es dazu.

Abends noch eine Beruhigungs-Pille gönnen,
damit wird man ruhig einschlafen können.

Albträume jagen dir durch den Kopf,
du siehst ein Buffet mit leckeren Dingen darauf.

Andererseits und nüchtern besehen
wird jedem klar, Essen in Maßen -
Tag für Tag und Jahr für Jahr.

***

Doarbee noch ne „Körte" doamöt et joot rötscht,
due övervält dich deä Schloap
du kiiks all verdötscht.

Ö Schöndsche laater bös'se wär op de Been,
duur Väld un Boosch över Schtok un Schteen.

Düestere Woleke – Räänger kömp op,
ich loop jau noa heem em schtramme Jalop.

Vröechtetii-e jöev et öm viif,
doarbee möt Dinkelbruet un Kruut en Schiif.

Soavends noch en Beroijongs-Pell
ömdat man möt Rau enschloape well.

Alepedröem jaare dech duur deä Kopp,
du süü-es ö Büfee möt leker Denge drop.

Äver nöter bekii-eke wörd jedäm kloar,
eäte möt Moote Daach vör Daach un Joer vör Joar.

***

Das Ziertuch

Es gibt bestimmte Kleinigkeiten im Leben,
die sollte man wissen –
sonst kann es Überraschendes geben.

Wie ein schlampiger Kerl herum zu laufen
Herrgott hilf – der wär' in der Pfeife zu rauchen.

Zuerst wird die Figur von Ballast entfernt,
fit für fun ist schnell gelernt.

Den Bauch abspecken – der Buckel muss weg,
alles Andere hätte sonst keinen Zweck.

Die proletarische Sprache unbedingt vergessen,
vornehm unterhalten – daran wird man gemessen.

Nur mit arbeiten allein
ist noch nie jemand reich geworden,
bestenfalls erhält man dafür vielleicht einen Orden.

Bei schnellem Reichtum wird oft geschummelt
und beschissen, statt zu kontrollieren –
will aber keiner davon etwas wissen.

Dat Schtronsläpke

Et jöev döks kleene Denge em Leäve,
di mosse wiiete – söes sal et överaschendes jeäve.

Nät wi ne Schlons öröm te loope
Häerjott hölep – däm kantse en de Piif rooke.

Öersch wörd ens de Fijuer optimii-ert,
fit vör fun ös vlott jelii-ert.

Deä Buuk örin – deä Puggel mod wäk,
alles Angere hät jeene Tswäk.

Dat Kauderwälsch un deä Schtroatesläng verjeäte,
vüernähm kalle un ete pe tete.

Möt wireke alleen
ös noch nii emes rii-ek jewoorden,
bääsjoot kriit man doavör fleeits ne Orden.

Be vlotte Riikdoom
wörd döks jeschummelt un bedrii-ete,
schtatt te konrolliiere –
well äver nii-emes doa van jät wii-ete.

Ist die Moral erst im Eimer gelandet,
wird der Protz offen gehandelt.

Mit dem nötigen Kleingeld,
wird man schnell ein Mann von Welt.

Wer jetzt nicht angibt hier auf Erden,
der kann im Leben nichts mehr werden.

Das teuerste Auto; im Hafen eine Jacht,
eine pompöse Villa – an alles gedacht.

Von Kopf bis Fuß - immer gestylt,
Kleidung zu jeder Gelegenheit,

Jeder Anzug – ist stets bestückt,
ein Ziertuch wird ins Revers gedrückt.

Es sind darum die kleinen Dinge, die es erlauben,
mehr zu scheinen als sein -
man mag es kaum glauben.

***

Ös de Moral en dor Emmer jevalle,
löt sich över dat Schtüüte loker kalle.

Möt däm nüedije Kleenjält,
bösse jau ne Moan van Wält,

Wäe nu net opschniiet hee op Eerden,
däe kann em Leäve niks mii-er wäerden.

Et düerste Auto, em Haafe en Jacht,
en schtatse Villa – aan alles jedacht.

Van Kopp bös Foot – emer breet,
Klailer vör jede Jelejenheet.

Jede Antsoch – ös alltiit beschtökt,
ö Schronsläpke wörd en et Revers jedrökt.

Et send dröm kleene Denge di tälle
mii-er schiiene as sii-en –
op alle Välle.

***

„Küpes Hüske"

Heutzutage gibt es in Viersen immer weniger
echte „Traditionsgaststätten".

Am Beginn der angrenzenden Gereonstraße,
am früheren Neumarkt im Rintgen Nr. 194,
lag die jedem bekannte Wirtschaft „Küpes Hüske".

Während der Zeit des 30-jährigen Krieges
wurde das Haus; übrigens eines der ältesten Steinhäuser
in Viersen, 1643 gebaut -
nach über 300 Jahren, 1979 abgerissen.

Von Anfang an gehörte das Anwesen der Familie Keupes,
die nebenher noch einen Handel mit Leinen betrieben.

Ende des 19. Jahrhunderts zogen die Keupes sich zurück
und die nachfolgenden Wirtsleute
wechselten nun häufiger.

Ein ansprechender Gastraum und
gut bürgerliche Speisen, zeichneten die Gaststätte aus.

„Küpes Hüske"

Vandaach jöev et en Vii-ersche emer wänijer
ächte „Traditiounswertschafte".

Un vüere aan de Gereonschtroat
em Rintsche No. 194,
looch di jedäm bekände Wertschaf „Küpes Hüske".

Öm di Tiit van deä 30jäerije Kreech woard dat Huus;
een van de oodste Schteenhüüser en Vii-ersche,
1643 jebouwt - un noar mii-er dän 300 Joar,
1979 avjeriiete.

Van Aanvang aan jehüüret dat Jehoit
de Familisch Keupes,
di neävenhär noch ne Hudel möt Linne haade.

Aant Eng van et 19. Joarhongert troo-eke di Keupes
sich tröök – un di Weertslüü wäeselde nu döksder.

En aansenliike Joostsemer un joot böerejerliik Eäte,
teekenet di Wertschaf uut.

Für diverse Gelegenheiten stand angrenzend
ein geräumiger Saal zur Verfügung.

Im vorigen Jahrhundert wurde die Gaststätte
zudem noch zum Vereinslokal
des Fußballclubs „VFL Grün-Weiss Viersen e.V.".

Aus dem Verein heraus entwickelte sich 1953
noch der Karnevalsverein „Jröen-Witte-Jonges".

Die vereinseigenen Akteure, die Akustik
und die unübertroffene Stimmung
begeistern das heimische Publikum.

Dennoch gibt es leider stets viele Gründe,
die dazu führten, Traditionen aufzugeben.

Zum Einem ist es die Zeit,
die Umstände, das Personal,
die Auflagen und letztlich die Kosten.

***

Vör verschaie Jeleäjenheete
vervööjet di Wertschaf träk neävenaan
över ne schtaatse Saal.

Em lätsde Joarhongert woard di Wertschaf
ooch noch Verainslokaal van de Foosballclub
„VFL Grün-Weiss Viersen e.V.".

Uut deä Club öruut entwikelde sich 1953
boavendrop noch deä Fasteloaventsverain
„Jröen-Witte-Jonges".

Di Vöerdrääch van di Jäke uut deä Verain,
di Akustik un onöverträflike Schtemung
bejaisterde di heemische Tauhüerer.

Äver man mot beduere
ömdat et emer vüel Jrööng jöev
Traditioune optejeäve.

Ens send et di Tiit, de Ömschtäng, et Personaal,
de Jesätse un aant Eng de Kooste.

***

Die Dreistadt

Ich weiss nicht wie ich darauf kam,
das der Name des Neumarktes in Viersen,
nun in Dülken liegt?

Es muss wohl eine gute Freundschaft sein,
die zwischen Viersen und Dülken
schon immer bestand.

Aktuelle Forschungen fanden heraus,
das stimmt – und lässt sich auch belegen.

Vor hunderten Jahren hat wohl ein Dülkener Bauer
versehentlich den Grenzstein
von Dülken weiter nach Viersen verlegt.

Heutzutage wär dies keine Aufregung wert.
Früher war es aber Gelderisches
und kein Jülicher Land.

Die Probleme gingen derzeit durch alle Instanzen.
Das Land wurde letzlich wieder Viersener Grund.

De Dreeschtad

Ich weet net mii-er wi ich drop koem,
dat deä Naam Neumäret van Vii-ersche,
nu en Dölke ös?

Öt mod waal en joo-e Kumpanai
tösche Vii-ersche un Dölke
all emer beschtange habe.

Jonts noie Forschonge hant öruut jevonge,
dat schtömp - un löt sich ooch beleäje.

Vör hongerte Joare hät waal ne Dölker Buur
uut äerme Uusel, deä Jrentssteen
van Dölke wiijer noar Vii-ersche aan verlait.

Vandaach wüer dat jeene Behai weert.
Äver vroijer woar et Jeldrisch
un jeen Jüliker Longk.

Deä Palaaver jing sinds därtiit duur alle Instantse
un woard du wär Vii-erscher Jrongk.

In der Nähe wurde ein Grenzhäuschen -
und über den Weg ein Schlagbaum gebaut.
Deshalb heisst die Stelle heute noch „Pohlhütte".

Derzeit meinen vereinzelt Leute,
dass die Dülkener noch hinter dem Mond leben.

Ich kann allerdings nicht glauben, dass dies so ist,
weil die Dülkener doch eine eigene Universität haben.

Zwar reiten sie mit einem Stock um ihre Mühle,
aber das sind nur wenige, die dies tun.

Nun haben die „Gelehrten" aus Dülken herausgefunden,
dass eine Frau „Sauerbrei"
von Limburg (NL) zu Hause ist.

Urkunden belegen, dass sie jenseits der Grenze
noch Frau „Suurmoos" genannt wurde.

Über Dülken kam sie wegen der gesünderen Luft nach
Viersen, wohnt nun in Süchteln.

Jetzt ist mir auch klar, wie Viersen,
Dülken und Süchteln zueinander gefunden haben.

Kört be di Schtäl hant se ö Wachhüske -
un op deä Weäch ne Jrentspool jesotte,
drom het dat hüet noch „Pohlhütte",

Vandaach saare enkele Lüü,
dat di Dölker emer noch henger dor Moan leäve.

Ich kan net jlöeve dat dat ö-sue ös,
öm dat di toch sujaar en eeje Universität habe.

Di riije waal möt ne Schtek öm ören Wengkmüü-el,
äver dat send maar wenije di dat dont.

Nu habe di „Jeliierde" uut Dölke öruutjevonge,
dat en Vrouw „Sauerbrei"
van Limbourgh (NL) te heem ös.

Urkunde beläeje dat dat Vromisch jöensii-e
de Jrents noch Vrouw „Suurmoos" jenant woard.

Üever Dölke ös di wäejens de beätere Lof noar Vii-ersche
jekome, un di Familisch wont nu flee-its en Söetele.

Nu weet ich ooch wouröm Vii-ersche,
Dölke un Söetele beenjekome send.

Nachwort

Es würde mich freuen,
wenn Euch die kurzen Erzählungen gefallen haben.

„Bunt durcheinander"
sollten auch die Geschichten sein.

Angefangen vom zufälligen Horoskop,
dass jeden bedenkt -
bis zur Dreistadtstory die unendlich scheint,
und jedes Jahr neu bedacht wird.

hb

Noarwoert

Et wüerd mich vroie,
wän mii-ene Vertäl üech jefalle hät.

„bongk dureen"

ös ooch deä Naam doarvöer aanjelait.

Aanjevange möt di tauvallije Horoskope,
bös aan deä Dreeschtadvertäl,
deä et emer noch jöev,
un jedes Joar noi bedait wöerd.

hb